1345

MW00343770

Diccionario escolar enfocado

Ciencias

Grado K

DEG

San Antonio, Texas

Staff

Editorial

Jorge Díaz
Contenidos

Alba Sánchez
Directora Editorial

Producción

Luis Díaz
Director de Diseño

Alejandro Flores
Director de Producción

Elida Lara
Formación

Arte

Fabiola Graullera
Sara Palacios
Aurora del Rosal
Alejandro Garza
Ilustradores

Eddie Macías
Ilustración de Portada

Printed in the United States of America

ISBN 1-932554-15-7

6 5 4 3 2 1   03 04 05 06 07

Contenido

Querido amigo:

En el *Diccionario escolar enfocado* para Ciencias Kinder, padres y maestros encontrarán una herramienta para ayudar a los niños a familiarizarse con el uso de las palabras relacionadas con las ciencias: los seres vivos, los seres sin vida, los fenómenos naturales y el cuerpo humano. Ponemos en sus manos la oportunidad de estimular la curiosidad de los pequeños para relacionar las palabras que escuchan a diario con la manera correcta de escribirlas y la imagen de lo que significan, todo al nivel de comprensión de los pequeños de kinder.

El *Diccionario escolar enfocado* para Ciencias Kinder es como un cofre del tesoro lleno de ilustraciones y palabras que ayudarán a los pequeños a relacionar las palabras e imágenes que constituyen su entorno físico.

Los niños, sus papás y sus maestros son personajes importantes en la exploración del medio ambiente que rodea a los pequeños. Disfruten juntos esta herramienta invaluable que es el *Diccionario escolar enfocado* para Ciencias Kinder que Diaz Educational Group pone en sus manos.

Los Editores

Cómo usar este diccionario

El *Diccionario escolar enfocado* para Ciencias Kinder está organizado en cinco temas: Vida; Materia, movimiento y máquinas; La Tierra; El cuerpo humano; Salud y seguridad. Esto con el fin de agrupar por temas las palabras y términos con los cuales los pequeños empiezan a relacionarse con su entorno físico.

Coloridas imágenes muestran los elementos y palabras claves dentro del contexto de cada tema. De esta forma, los niños de kinder pueden hacer una asociación de palabras, imágenes y conceptos con mucha mayor facilidad y precisión.

Al final de este diccionario se ofrece un índice ordenado alfabéticamente en español, al cual padres y maestros pueden recurrir para buscar la palabra o palabras con las cuales desean trabajar con los niños.

Este diccionario termina con un índice ordenado alfabéticamente en inglés, que es una referencia rápida para padres y maestros, así como para aquellas personas que están aprendiendo el idioma español.

sombra
shadow

luz y calor
light and heat

13

Vida

aire	agua	flor
air	water	flower

cielo
sky

luz del sol
sunlight

planta
plant

2

semilla	raíz	hoja
seed	root	leaf

crecer
grow

fruto
fruit

3

ciclo de vida
life cycle

6

seres vivos
living things

cosas sin vida
nonliving things

Materia, movimiento y máquinas

objetos
objects

sólido
solid

líquido
liquid

gas
gas

9

10

congelar
freeze

derretir
melt

evaporar
evaporate

12 sonido
sound

vibrar
vibrate

sombra
shadow

luz y calor
light and heat

13

14 movimiento   empujar   tirar
movement   push   pull

imán
magnet

atraer
attract

rechazar
repel

16

máquina simple
simple machine

palanca
lever

rueda
wheel

polea
pulley

rampa
ramp

La Tierra

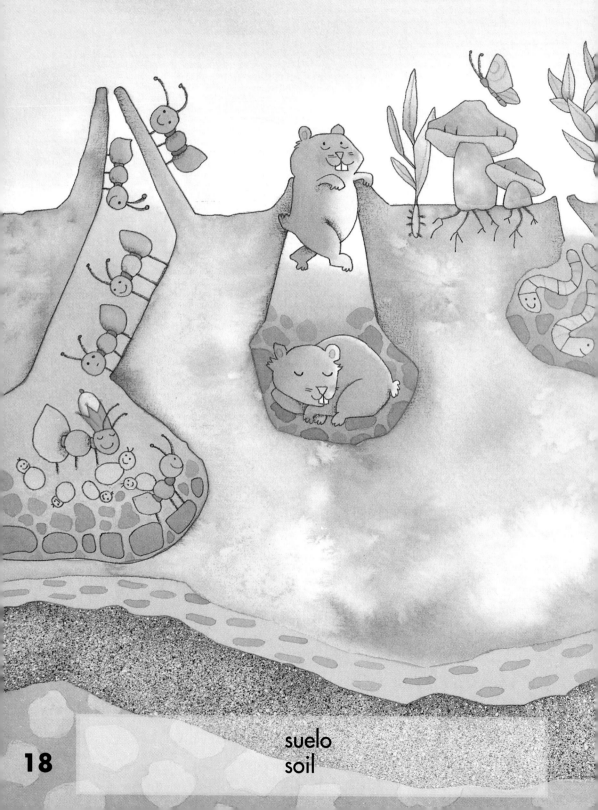

suelo
soil

18

reciclar
recycle

20

temperatura	calor	frío	termómetro
temperature	hot	cold	thermometer

primavera   verano   otoño   invierno

spring   summer   autumn   winter

21

migrar
migrate

hibernación
hibernation

telescopio
telescope

luna
moon

El cuerpo humano

observar
observe

oído
ear

gusto
taste

tacto
touch

olfato
smell

vista
see

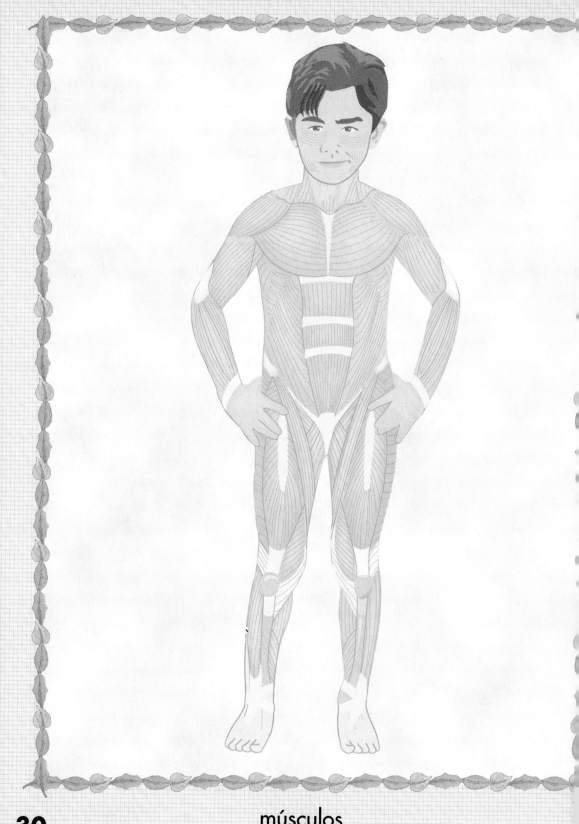

músculos
muscles

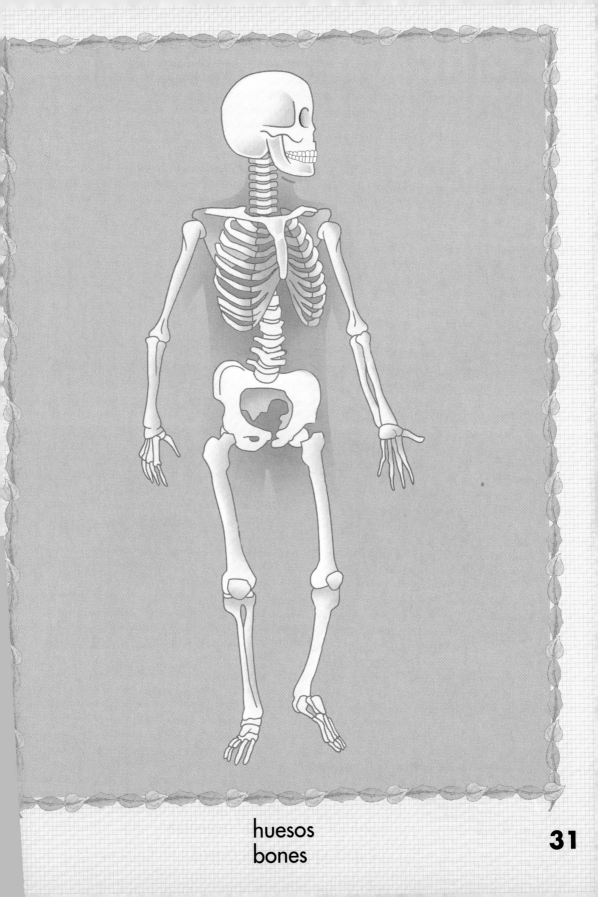

huesos
bones

Salud y seguridad

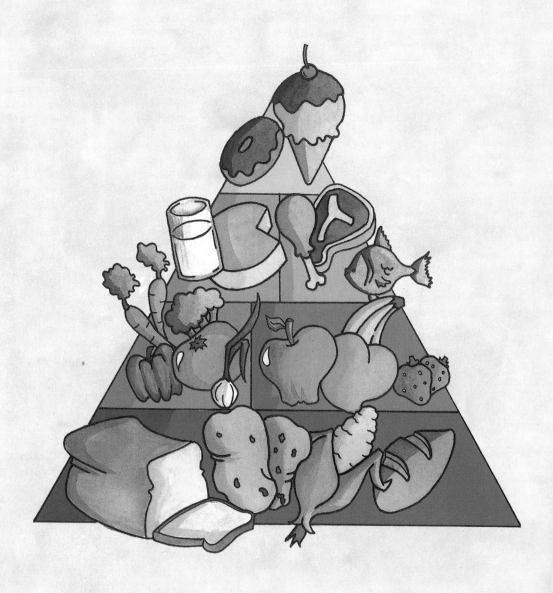

pirámide de alimentos
food guide pyramid

ejercicio
exercise

34 paso de peatones   seguro   peligroso
sidewalk   safe   dangerous

Índice Español / Inglés

El siguiente índice es una referencia rápida para que padres de familia y maestros busquen la palabra o términos con los cuales desean trabajar con los niños en la asociación de términos e imágenes relacionados con las Ciencias.

A

agua / water, 1

aire / air, 1

atraer / attract, 15

C

calor / hot, 20

ciclo de vida / life cycle, 4

cielo / sky, 24

clima / climate, 20

congelar / freeze, 10

cosas sin vida / nonliving things, 7

crecer / grow, 2

D

derretir / melt, 10

E

ejercicio / exercise, 33

empujar / push, 14

evaporar / evaporate, 10

F

flor / flower, 1

frío / cold, 20

fruto / fruit, 3

G

gas / gas, 8

gusto / taste, 27

H

hibernación / hibernation, 23

hoja / leaf, 2

huesos / bones, 31

I

imán / magnet, 15

invierno / winter, 21

L

líquido / liquid, 9

luna / moon, 25

luz del sol / sunlight, 1

luz y calor / light and heat, 13

M

máquina simple / simple machine, 16

migrar / migrate, 22

movimiento / movement, 14

músculos / muscles, 30

O

objetos / objects, 8

observar / observe, 26

oído / ear, 27

olfato / smell, 28

otoño / autumn, 21

P

palanca / lever, 17

paso de peatones / sidewalk, 34

peligroso / dangerous, 34

pirámide de alimentos / food guide pyramid, 32

planta / plant, viii

polea / pulley, 17

primavera / spring, 21

R

raíz / root, 3

rampa / ramp, 17

rechazar / repel, 15

reciclar / recycle, 19

rueda / wheel, 16

S

seguro / safe, 34

semilla / seed, 2

seres vivos / living things, 6

sólido / solid, 9

sombra / shadow, 13

sonido / sound, 12

suelo / soil, 18

T

tacto / touch, 28

telescopio / telescope, 24

temperatura / temperature, 20

termómetro / thermometer, 20

tirar / pull, 14

V

verano / summer, 21

vibrar / vibrate, 12

vista / see, 29

Index English / Spanish

El siguiente índice es una referencia rápida para padres y maestros que están más familiarizados con el idioma inglés y que, por tanto, requieren la traducción al español para referirse a la página donde se encuentra la palabra que quieren investigar.